Doa: Kekuatan Terkuat di Dunia

Memobilisasi 10 juta Pendoa Syafaat bagi BANGSA-BANGSA

Oleh

Frank C. Laubach dan Zacharias Godseagle

Daftar Isi

Tentang buku - Doa: Kekuatan Terhebat di Dunia - Menghimpun 10 juta Pendoa Syafaat bagi BANGSA-BANGSA

Temukan kekuatan doa yang transformatif dalam — *"Prayer: The Mightiest Force in the World - Mobilizing 10 million Intercessors for the NATIONS* ," sebuah karya nonfiksi Kristen yang menarik yang mendorong para pembaca untuk memobilisasi gerakan 10 juta pendoa syafaat. Buku ini, yang ditulis oleh **Frank C. Laubach dan Zacharias Godseagle** menekankan bahwa doa adalah kekuatan yang luar biasa yang mampu mengubah kehidupan, bangsa, dan dunia pada umumnya.

Buku ini menantang individu untuk berdoa dengan berani dan konsisten bagi para pemimpin, masyarakat, dan terobosan pribadi, dengan menyoroti contoh-contoh historis dan kesaksian tentang dampak doa. Dengan rencana tindakan, pertanyaan refleksi, dan bagian jurnal untuk individu dan kelompok, karya ini membekali pembaca untuk memperdalam kehidupan doa mereka dan mendorong doa syafaat kolektif bagi bangsa-bangsa.

Apakah Anda merasa tidak berdaya di dunia yang kacau atau mendambakan campur tangan ilahi, ajakan Frank dan Zacharias untuk bertindak akan menginspirasi Anda untuk berpartisipasi dalam petualangan spiritual yang sangat penting dengan kisah-kisah nyata untuk mendukungnya. Terimalah ajakan untuk berdoa dan buatlah perbedaan yang langgeng di dunia.

Ini adalah edisi ketujuh dari karya asli tahun 1945.

Zacharias Dewa Laut

Perkenalan

Doa: Kekuatan Terkuat di Dunia - Menghimpun 10 Juta Pendoa Syafaat untuk BANGSA-BANGSA

Bagaimana jika saya memberi tahu Anda bahwa Anda memegang **kekuatan paling dahsyat di dunia** —kekuatan yang lebih besar daripada politik, uang, atau kekuatan militer? Bagaimana jika kunci untuk mengubah bangsa, menyembuhkan hati, dan mengubah hidup Anda sendiri sudah ada di tangan Anda?

Kekuatan itu adalah **doa.**

Sepanjang sejarah, **doa telah memindahkan gunung, menghentikan perang, menyembuhkan orang sakit, dan membuka pintu-pintu yang mustahil** . Doa bukan sekadar kebiasaan keagamaan—doa adalah **hubungan langsung dengan kuasa Tuhan.** Namun, banyak orang **meremehkannya, mengabaikannya, atau tidak sepenuhnya mempercayainya.**

Pikirkanlah tentang ini:

- Jika **doa satu orang** dapat membuat matahari berhenti (Yosua 10:12-14), apa yang dapat dilakukan oleh doa Anda?
- Jika **doa seorang wanita** dapat mengubah nasib suatu bangsa (Ester 4:16), bagaimana doa Anda dapat membentuk dunia?
- Jika **satu doa iman** dapat membangkitkan orang mati (Yohanes 11:41-44), terobosan apa yang menanti doa Anda?

Faktanya, **kita BISA mengubah dunia—jika cukup banyak dari kita yang berdoa.**

Panggilan untuk Berdoa yang Belum Pernah Ada Sebelumnya

Saat ini, kita hidup di masa **ketidakpastian, konflik, dan ketakutan** . Pemerintah berjuang, keluarga terpecah belah, dan orang-orang merasa kehilangan arah. Namun di tengah kegelapan, ada **satu solusi yang tidak pernah gagal—doa.**

Buku ini, " **Doa: Kekuatan Terkuat di Dunia - Memobilisasi 10 Juta Pendoa Syafaat bagi BANGSA-BANGSA"** bukan hanya tentang **mengapa** doa berhasil—ini tentang **bagaimana** berdoa dengan cara yang melepaskan kuasa Tuhan dalam hidup Anda, komunitas Anda, dan dunia. **Setiap bab akan menantang Anda untuk berdoa dengan berani, konsisten, dan dengan iman yang tak terhentikan.**

Pada saat Anda menyelesaikan buku ini, Anda akan:

- **Memahami kekuatan doa seperti belum pernah sebelumnya.**
- **Ketahui cara berdoa untuk para pemimpin, bangsa, dan perubahan dunia.**
- **Rasakan keintiman yang lebih dalam dengan Tuhan.**
- **Lihatlah jawaban nyata untuk doa dalam hidup Anda sendiri.**
- **Dilengkapi untuk memimpin orang lain dalam gerakan doa.**
- **Anda akan termotivasi dan terinspirasi untuk bergabung dengan 10 Juta Pendoa Syafaat bagi BANGSA-BANGSA sebelum tahun 2045.**

Pertanyaannya adalah: **Apakah Anda siap untuk bergabung dengan 10 juta Pendoa Syafaat yang berdoa untuk dunia kita?**

Jika Anda lelah merasa tidak berdaya di dunia yang kacau...

Jika Anda rindu melihat Tuhan bekerja dengan cara yang ajaib... Jika Anda bersedia melangkah ke **petualangan spiritual terbesar** dalam hidup Anda...

Baiklah, mari kita mulai.

Karena **DOA, menurut Frank C. Laubach bukan hanya sekedar praktik—tetapi merupakan kekuatan paling dahsyat di dunia.**

Doa: Kekuatan Terkuat di Dunia ditulis oleh Frank C. Laubach dan diterbitkan pada tanggal 1 Januari 1946.

Niatnya adalah memobilisasi 10 juta jiwa untuk menjadi perantara bagi bangsa-bangsa. Buku ini merupakan karya yang diperluas dari karya Frank dalam bahasa Inggris kontemporer dengan ringkasan, rencana tindakan untuk individu dan pengaturan kelompok dengan jurnal di akhir setiap bab.

Tentang apa buku ini

- Buku ini tentang kekuatan doa syafaat.
- Ini mencakup contoh-contoh bagaimana doa bekerja selama berbagai konflik selama Perang Dunia II.
- Laubach adalah seorang pendidik misionaris dan pengkhotbah di antara suku Muslin Moro di Mindanao di Kepulauan Filipina.
- Buku ini dianggap sebagai buku nonfiksi Kristen.

Mengapa membaca buku?

- Untuk mempelajari pentingnya berdoa bagi orang lain, bukan hanya bagi diri kita sendiri.
- Untuk belajar tentang mengambil pandangan makro dan mikro terhadap dunia saat kita berdoa.
- Untuk mempelajari tentang pentingnya orang berdoa bagi para pemimpin dunia.

Tindakan apa yang harus Anda ambil?

Anda dapat bergabung dengan komunitas gerakan 10 juta di Facebook melalui tautan ini –

https://www.otakada.org/facebookintercessory

Anda dapat bergabung dengan Komunitas 10 juta Pendoa Syafaat di WhatsApp melalui tautan ini –

https://www.otakada.org/whatsappintercessory

ANDA DAPAT MEMPELAJARI tentang 10 juta koordinator gerakan Syafaat di God's Eagle Ministries (GEM) melalui tautan ini – https://www.otakada.org

Sampai jumpa di sisi lain!

Pasukan Perantara God's Eagle Ministries (GEM) untuk Akhir Zaman!

Kutipan Syafaat

"Gereja belum menyentuh batas kemungkinan doa syafaat. Kemenangan terbesarnya akan disaksikan ketika setiap orang Kristen di mana pun menyadari imamat mereka di hadapan Tuhan dan menyerahkan diri mereka untuk berdoa setiap hari." (John Mott)

"Menjadi perantara bagi manusia adalah cara yang paling ampuh dan praktis untuk mengungkapkan kasih kita kepada mereka." (John Calvin)

"Yesus Kristus terus menjadi perantara bagi kita di surga; Roh Kudus terus menjadi perantara bagi kita di bumi; dan kita, orang-orang kudus, harus terus menjadi perantara bagi semua orang." (Oswald Chambers)

"Perantaraan Yesus bagi kita lebih kuat daripada tuduhan Setan terhadap kita." (Mike Bickle)

"Tuhan tidak pernah memberikan kita kebijaksanaan agar kita dapat mengkritik, tetapi agar kita dapat bersyafaat." (Oswald Chambers)

"Kebijaksanaan adalah panggilan Tuhan untuk Bersyafaat, bukan untuk Mencari-cari Kesalahan." (Corrie Ten Boom)

"Doa harus luas cakupannya – ia harus memohon bagi orang lain. Permohonan syafaat bagi orang lain adalah ciri khas dari semua doa sejati. Ketika doa dibatasi pada diri sendiri dan lingkup kebutuhan pribadi seseorang, doa itu mati karena kekecilannya, kesempitannya, dan keegoisan." (Edward McKendree Bounds)

"Semua doa yang penting menguras vitalitas seseorang. Permohonan syafaat yang sejati adalah sebuah pengorbanan, pengorbanan yang berdarah." (John Henry Jowett)

"Doa-doa kita menjadi landasan bagi datangnya kuasa Tuhan. Seperti lokomotif yang perkasa, kuasa-Nya tak tertahankan, tetapi kuasa-Nya tidak dapat menjangkau kita tanpa rel." (Watchman Nee)

"Jika Anda seorang pendoa syafaat, Anda akan melihat banyak kebutuhan, tetapi Anda juga akan melihat banyak doa yang terjawab." (Prophetic Crossroads)

"Sejarah adalah milik para pendoa syafaat – mereka yang percaya dan berdoa agar masa depan terwujud." (Walter Wink)

"Tuhan memberikan beban terberat kepada mereka yang mampu menanggungnya." (Penulis Tidak Diketahui)

"Penyembahan berarti menyetujui siapa Tuhan itu, sedangkan Syafaat berarti menyetujui apa yang Tuhan janjikan untuk dilakukan." (Penulis Tidak Diketahui)

"Doa syafaat dapat diartikan sebagai mengasihi sesama kita dengan berlutut." (Charles Bent)

"Permohonan syafaat adalah pekerjaan yang benar-benar universal bagi orang Kristen. Tidak ada tempat yang tertutup bagi doa syafaat. Tidak ada benua – tidak ada negara – tidak ada organisasi – tidak ada kota – tidak ada kantor. Tidak ada kekuatan di bumi yang dapat menghalangi permohonan syafaat." (Richard Halverson)

"Kekuatan perantaraan adalah buah dari keintiman. Tidak ada perbedaan di antara keduanya." (Corey Russel)

"Berdoa syafaat adalah hal yang paling tidak egois yang dapat dilakukan siapa pun." (Paul Billheimer)

"Semakin banyak waktu yang kita habiskan untuk berdoa bagi mereka yang berwenang, semakin banyak pula kita sebenarnya berdoa bagi diri kita sendiri." (Carol Helmick)

"Persekutuan Kristen hidup dan ada melalui perantaraan para anggotanya satu sama lain, atau persekutuan itu akan runtuh." (Dietrich Bonhoeffer)

"Berdoa syafaat berarti mengangkat diri kita sendiri ke titik di mana kita dapat memahami pikiran Kristus mengenai orang yang kita doakan." (Oswald Chambers)

"Perantaraan Kristus adalah penerapan kematian-Nya yang terus-menerus untuk keselamatan kita." (John Calvin)

"Setiap jenis doa, bukan hanya doa syafaat, yang merupakan jenis doa tertinggi, tetapi semua doa, dari yang terendah hingga yang tertinggi, tidak mungkin dilakukan dalam kehidupan yang penuh dosa." (Alexander Whyte)

Kisah Nyata tentang DAMPAK Doa Syafaat 39 prajurit David Livingstone di Afrika

KISAH TENTANG PENTINGNYA dan kekuatan perantaraan ini diceritakan oleh David Livingstone yang merupakan misionaris penjelajah dari Skotlandia ke Afrika pada abad ke-19.

David Livingstone

Bagaimana David menjadi misionaris penjelajah ke Afrika? Ia mendengar cerita dari misionaris lain. Misionaris ini, setelah lama berada di Afrika, kembali ke gereja pengutusnya di Skotlandia untuk melaporkan pekerjaan dan pelayanannya serta memanggil lebih banyak pekerja untuk pergi ke Afrika. Ia tiba di gereja itu; saat itu musim dingin, dingin, dan hujan. Tidak banyak orang yang datang, dan ia sedikit kecewa.

Banyak orang yang hadir adalah orang lanjut usia. Kehadiran mereka memang menyenangkan, tetapi mereka tidak cocok untuk ladang misi. Ia tetap merasa bahwa ia harus menyampaikan pesan yang sama, jadi ia melanjutkan pesannya.

Dia menjelaskan bahwa mereka membutuhkan lebih banyak pekerja dan mengakhiri pembicaraan. Beginilah cara dia mengakhiri pembicaraan:

"Siapa yang akan pergi? Siapa yang akan pergi? Siapa yang akan pergi?"

Dia tidak tahu bahwa pemain organ itu memiliki asisten seorang anak laki-laki. Saat musik organ dimainkan, anak laki-laki itu berdiri dan berteriak, "Saya akan pergi! Saya akan pergi! Saya akan pergi!" Nama anak laki-laki itu adalah David Livingstone.

Ia kemudian menasihati David, "Jika Tuhan telah memanggilmu ke Afrika, saya sarankan kamu menjadi dokter medis, dan kamu dapat pergi ke Afrika sebagai misionaris medis." David tumbuh dewasa, masuk sekolah kedokteran, dan menjadi dokter. Ia kemudian pergi ke Afrika sebagai misionaris medis dan bekerja keras tanpa lelah.

Ada satu suku tertentu yang ingin mereka jangkau, dan itu sangat sulit. Kepala suku mengiriminya pesan yang mengatakan, "Kami akan datang malam ini, dan kami akan membunuhmu dan semua orang di kompleksmu."

Nah, alasan kita mengetahui setiap detail dari kisah ini adalah karena saya telah menelitinya. David Livingstone membuat buku harian, dan semua ini tertulis di dalamnya. Dalam buku hariannya, ia menulis, "Tuhan, kami telah bekerja dengan sangat setia. Tolong, tolong lindungi kami. Tolong bantu kami." Ia takut akan apa yang mungkin terjadi, khawatir pelayanan mereka akan hancur dan semua orang akan mati. Namun, mereka tidak membunuh orang-orang itu. Beberapa tahun kemudian, mereka akhirnya memperkenalkan kepala suku itu kepada Yesus, dan seluruh masyarakat bertobat dan mengikuti-Nya.

David Livingstone kemudian berkata kepada kepala suku, "Anda mengirimi saya pesan bahwa Anda akan datang dan membunuh saya dan semua orang di kompleks itu." Kepala suku itu menjawab, "Ya, kami datang." David bertanya, "Mengapa Anda tidak membunuh kami?"

Kepala suku berkata, "Ketika kami tiba di kompleks itu, kami melihat 39 raksasa mengelilingi kompleks itu. Kami menghitung mereka — mereka adalah prajurit besar, dan ada 39 dari mereka yang mengelilingi kompleks itu."

Beberapa tahun kemudian, David Livingstone kembali ke gereja tempat ia diutus di Skotlandia dan menceritakan kisah itu. Di akhir pertemuan, sekretaris gereja menghampirinya dan berkata, "Dokter Livingstone, apakah Anda ingat tanggal ketika kepala suku akan datang dan membunuh Anda?"

Dia menjawab, "Tentu saja saya tahu tanggalnya." Dia memberikan tanggalnya. Sekretaris gereja membuka buku harian gereja dan menunjukkan kepadanya bahwa pada tanggal itu, ada 39 orang di gereja di Skotlandia yang berdoa untuknya — dan ada 39 prajurit yang mengepung kompleks itu.

"Jangan bilang itu suatu kebetulan."

David Livingstone di Afrika – Dampak Doa

Kesaksian yang luar biasa dan kuat ini tentang kuasa Tuhan dalam hidup seseorang terutama yang berhubungan dengan doa dan kehidupan pelayanan dalam kehidupan David Livingstone selama perjalanan misionarisnya ke Afrika.

David Livingstone lahir di Blantyre, Skotlandia pada tahun 1813. Ia lahir di sebuah rumah tempat ayahnya biasa mendudukkannya dan membacakan kepadanya kisah-kisah tentang petualangan misionaris yang hebat, khususnya kisah Karl Gützlaff, misionaris Belanda yang juga merangkap sebagai misionaris medis. David muda biasa menatap mata ayahnya dan berkata, "Ayah, suatu hari nanti aku akan menjadi pria seperti itu. Aku ingin menjadi misionaris. Aku ingin menjadi dokter. Aku ingin melayani Tuhan."

Suatu hari David Livingstone berlutut dan mengucapkan doa ini, "Tuhan, utuslah aku ke mana pun, pergilah bersamaku. Letakkan beban apa pun padaku, cukuplah menopangku. Putuskan semua ikatan, kecuali ikatan yang mengikatku pada pelayanan-Mu dan pada hati-Mu," dan firman Tuhan datang kepadanya, "Ketahuilah, Aku menyertai kamu senantiasa, bahkan sampai kepada akhir zaman."

Ia mengemasi tasnya dan berangkat ke Afrika. Dan ketika ia melihat sekilas Afrika dari kejauhan, ia menuliskan kata-kata ini di jurnalnya: "Hantu asap dari ribuan desa di bawah sinar matahari pagi telah membakar hatiku."

Ia menikahi seorang wanita dari Keluarga Moffat yang terkenal – namanya Mary. Ayah wanita itu adalah seorang misionaris yang hebat. Mereka pergi ke Afrika. Namun, kehidupan David Livingstone adalah kehidupan seorang penjelajah dan ia akan berpindah dari satu tempat ke tempat lain dan satu-satunya tujuannya adalah Yesus di dalam hati dan kehidupan pria dan wanita – ribuan dari mereka.

Akhirnya istri dan keluarganya tidak sanggup lagi menemaninya. Beberapa anaknya meninggal karena sakit dan penyakit, jadi dia berkata kepada istrinya, "Mary, mengapa kamu tidak membawa mereka pulang saja? Aku akan segera menemuimu dan menghabiskan waktu bersamamu. Terlalu berbahaya bagi kita untuk meneruskan perjalanan ini."

Jadi, ia mengirim istri tercintanya Mary kembali ke rumah dan butuh waktu berbulan-bulan untuk bertukar surat, tetapi beberapa surat cinta dan romansa termanis dikirimkan antara David dan Mary dan tahukah Anda kapan ia bertemu dengannya lagi? Bukan lima minggu. Bukan lima bulan. Lima tahun.

Lima tahun kemudian ketika ia bertemu dengan istrinya, istrinya tidak dapat mengenalinya karena pada suatu ketika dalam perjalanannya di hutan untuk berkhotbah, ia menabrak cabang pohon yang telah membutakan satu matanya dan merusak mata lainnya. Wajahnya telah terbakar di bawah terik matahari Afrika hingga menjadi kulit kering dan kulitnya, yang tidak memiliki pigmen untuk itu, telah terpanggang hingga tubuhnya tidak dapat bertahan lebih lama lagi. Wajahnya rusak dan penuh bekas luka dan matanya menjadi buta dan pada suatu waktu ia telah diserang oleh seekor singa yang telah mencabik salah satu bahunya. Ia secara ajaib berhasil lolos.

Sekarang dia melihat suaminya tertatih-tatih dengan wajah yang terluka dan raut wajah yang cacat. Beberapa jam sebelum dia tiba, mereka telah menguburkan ayahnya. David menangis karena dia ingin sekali menceritakan kepada ayahnya secara langsung tentang kisah-kisah yang hanya diceritakan oleh ayahnya secara tidak langsung.

Sketsa biografi memberi tahu kita bahwa ketika David Livingstone masuk ke universitas mana pun di Kepulauan Inggris, para mahasiswa dan staf pengajar akan berdiri dan memberikan tepuk tangan meriah karena mereka tahu mereka berdiri di hadapan seorang pria raksasa.

Akhirnya ia kembali kepada istrinya suatu hari dan berkata, "Mary, bayangan asap dari ribuan desa di bawah sinar matahari pagi masih membara di dalam hatiku. Kita harus kembali." Mary memutuskan bahwa David harus pergi – ia harus bersama anak-anak. Ia berkata, "Ketika mereka semua sudah cukup dewasa, aku akan bergabung denganmu lagi, David." Dan ia pun memulai perjalanannya yang sepi untuk berkhotbah kepada orang-orang Afrika yang begitu berarti di dalam hatinya.

Akhirnya setelah sekian lama, Mary bergabung dengannya dan pada hari ia menginjakkan kaki di tanah Afrika, ia tertular penyakit yang sangat mereka takuti akan dideritanya. Pada hari ia menginjakkan kaki di Afrika, ia tertular penyakit itu dan beberapa hari kemudian, ia menguburkannya.

Di sana, seorang saksi mata mengatakan David Livingstone berlutut di samping makam, menangis sejadi-jadinya, dan mereka mendengarnya berdoa, "Yesusku, rajaku, hidupku, segalanya bagiku, aku kembali mempersembahkan hidupku kepada-Mu. Aku tidak akan menghargai apa pun yang kumiliki atau apa pun yang kulakukan, kecuali yang berhubungan dengan kerajaan-Mu dan pelayanan-Mu."

Melalui semua itu datanglah firman Tuhan ke dalam hatiku, Dia berkata, "Ketahuilah, Aku menyertai kamu senantiasa sampai kepada akhir zaman."

Ia mengambil barang-barangnya dan berjalan kembali ke desa asalnya, Ujiji. Ketika ia tiba dan masuk ke rumah kecilnya di sana, ia mendapati bahwa seseorang telah mempermainkannya dengan kejam dan telah mencuri obatnya yang sangat ia butuhkan karena tubuhnya disiksa dengan rasa sakit yang tak terkira. Ia berjalan dalam penderitaan yang tak henti-hentinya. Dan mereka berkata dalam salah satu dari sedikit momen dalam hidupnya, ia berdoa untuk dirinya sendiri, ia berlutut dan berkata, "Tuhan, Engkau berjanji akan selalu bersamaku! Aku membutuhkan obat itu jika aku ingin terus mengabarkan Injil!"

Saat berdoa, ia mendengar suara langkah kaki, dan seperti yang diceritakan dalam cerita, ia melihat sepasang kaki menginjak di depannya dan wajahnya terangkat untuk pertama kalinya setelah sekian lama – ia menatap wajah seorang pria kulit putih yang tidak tinggal di Afrika. Ia berkata, "Siapa Anda, Tuan?" Dan pria itu menjawab, "Dokter Livingstone, saya kira begitu?" (Kata-kata yang terkenal itu) Ia berkata, "Ya, Tuan."

"Tuan Livingstone, saya wartawan pers, saya ditugaskan untuk meliput kisah hidup Anda. Saya ingin Anda mengetahui dua hal tentang saya. Pertama, saya ateis paling sombong di muka bumi. Tolong jangan coba-coba mengubah agama saya. Kedua, seseorang mengirim obat untuk Anda."

David berkata, "Tolong berikan saya obatnya."

Jadi, Tn. Henry M. Stanley mulai bepergian dengan David Livingstone. Empat bulan kemudian, ateis paling sombong di muka bumi ini berlutut di tanah Afrika dan menyerahkan hidupnya kepada Yesus Kristus.

Salah satu biografi terbaik yang pernah Anda baca tentang David Livingstone – dua jilid berjudul "Livingstone of Africa" oleh Henry M. Stanley. Stanley berkata, "Kuasa kehidupan Kristus itu luar biasa dan saya harus berjuang keras. Saya tidak dapat bertahan lebih lama lagi."

Akhirnya tubuhnya mulai menyusut karena suhu tinggi dan rasa sakit (mereka biasa membawanya berkeliling dari desa ke desa dengan tandu). Suatu hari, berkhotbah dari atas tandu, benar-benar gemetar, ia akhirnya melihat ke arah dua saudara sebangsanya dan berkata, "Tolong bawa aku pulang. Aku sangat sakit. Aku sangat lelah, aku butuh tidur." Mereka membawanya kembali ke rumahnya dan hendak menjatuhkannya ke tempat tidur ketika ia berkata, "Tidak, tolong bantu aku berlutut."

Livingstone berlutut di sisi tempat tidurnya dan mengatupkan kedua tangannya, lalu mulai berdoa. Doa-doanya begitu mendalam, tempat perlindungannya begitu unik sehingga saudara-saudaranya dari Afrika merasa bahwa tinggal dalam ikatan/persekutuan tunggalnya dengan Tuhan adalah sebuah penghujatan dan mereka pun keluar dari kamar kecilnya.

Kemudian seseorang berlari dan berkata, "Saya perlu bertemu dengan Tn. Livingstone sebentar." Mereka berkata, "Ssst! Diam, tolong. Dia sedang berdoa." Lima menit berlalu, mereka melihat ke dalam. Dia masih berlutut. Beberapa menit berlalu, mereka melihat ke dalam. Dia masih berlutut. Setelah beberapa lama berlalu, mereka melihat ke dalam. Dia masih berlutut.

Salah satu dari mereka merasa bahwa lelaki itu terlalu lelah untuk melanjutkan shalatnya. Ia perlu tidur. Ia berjalan menghampirinya dan salah satu dari mereka mengguncang bahunya dan bertanya, "Maukah? Maukah?"

Livingstone terjatuh. Dia sudah meninggal.

Dia meninggal tepat seperti cara hidupnya – di hadirat Tuhannya.

Ia tidak lari dari suara-Nya. Ia tidak melambaikan lampu yang tidak memiliki cahaya di dalamnya. Ia tidak menjual jiwa demi kesenangan duniawi. Namun, bayangan asap dari ribuan desa yang menghantui telah membakar dirinya sendiri di dalam hatinya sehingga ia dapat berkata, "Yesusku, rajaku, hidupku, segalanya bagiku, aku kembali mempersembahkan diriku kepada-Mu."

Apa yang ingin Anda berikan? Apa doa pengabdian Anda? Mungkin panggilan Anda bukan ke Afrika; namun, di tempat Anda berada, Anda dipanggil untuk apa? Tuhan dengan lembut memanggil kita semua untuk melayani.

Saya teringat pada syair lagu Injil lama:

Di ladang panen yang sekarang sudah matang, ada pekerjaan yang harus dilakukan oleh semua orang,

Dengarkanlah suara sang guru memanggil, ke panen, memanggilmu.

Apakah tempat di mana Anda dipanggil untuk bekerja tampak begitu kecil dan kurang dikenal?

Sungguh luar biasa jika Tuhan ada di dalamnya, karena Dia tidak akan meninggalkan umat-Nya sendiri.

Sedikit itu Banyak, Jika Tuhan ada di dalamnya, Jangan bekerja demi kekayaan atau ketenaran

Ada mahkota dan kamu bisa memenangkannya, jika kamu mau pergi dalam nama Yesus

Ketika konflik di sini telah berakhir, dan perlombaan kita di bumi telah berakhir

Dia akan berkata jika kamu setia, "Selamat datang di rumah, anakku, hebat sekali!"

Sedikit itu Banyak, Jika Tuhan ada di dalamnya, Jangan bekerja demi kekayaan atau ketenaran

Ada mahkota dan kamu bisa memenangkannya, jika kamu mau pergi dalam nama Yesus

Kisah-kisah tentang bagaimana doa syafaat mengubah hidup saya

Suatu pagi yang cerah di Virginia, saat saya mengantar putri saya yang berusia 12 tahun, Kelly, ke dokter giginya, saya mendapati diri saya melewati daerah yang tidak saya kenal. Jalan raya yang terbagi membentang di depan, dibatasi oleh trotoar beton, dan, saat saya fokus mencari nomor jalan, saya kehilangan jejak jalan. Saat itu belum ada GPS, dan tiba-tiba saya mengalihkan perhatian kembali ke jalan, hanya untuk menemukan kendaraan yang mogok diparkir tepat di jalur kami.

Tanpa berpikir panjang, saya membelok ke jalur kiri untuk menghindari tabrakan, lalu dengan cepat kembali ke jalur kami setelah melewati mobil itu. "Saya baik-baik saja!" Kelly meyakinkan saya, kalimat yang sering ia gunakan setelah momen-momen mengemudi kami yang penuh risiko. Namun, kali ini, sama sekali tidak terasa ringan.

Jantung saya berdegup kencang saat saya merasakan perlindungan ilahi yang mendalam menyelimuti kami. "Alhamdulillah tidak ada orang lain di jalur itu!" Saya merenung, bersyukur bahwa saya telah menoleh ke belakang pada saat yang tepat; jika tidak, hasilnya bisa jadi bencana. Saat tiba di kantor dokter gigi, saya mengetahui bahwa mobil yang menghalangi jalan kami adalah milik salah seorang dokter gigi di klinik tersebut.

Saya berusaha sekuat tenaga untuk tidak memberitahunya bahwa kendaraannya hampir menyebabkan kecelakaan fatal, tetapi malah menyadari bahwa sayalah yang sempat kehilangan fokus. Kemudian, setelah mengantar Kelly ke sekolah, saya tiba di kantor gereja, tempat relawan kami yang setia, Lindy Bruggink, merasakan ada yang tidak beres. "Anda baik-baik saja?" tanyanya. "Saya merasakan dorongan yang kuat untuk berdoa bagi Anda dan Kelly tadi pagi—dan saya harus menghentikan semuanya untuk bersyafaat."

Saya tidak dapat menahan tangis, menyadari bahwa kesediaannya untuk berdoa kemungkinan besar telah menyelamatkan hidup kami hari itu. Saat menceritakan detailnya kepadanya, kami berdua merasa sangat bersyukur atas pekerjaan Tuhan melalui doanya. Selama bertahun-tahun, saya telah mengalami campur tangan ilahi ini berkali-kali, baik saya mengenal orang-orang yang berdoa untuk saya atau tidak—kadang-kadang saya tidak akan menemukan syafaat mereka yang setia sampai saya mencapai surga! Demikian pula, saya beruntung dapat berdiri di celah bagi orang lain. Contoh yang mengharukan terjadi ketika tornado menghancurkan sebuah keluarga dari kelompok asal kami.

David, sang suami, menghubungi saya dengan putus asa untuk mencari cara agar dapat mencegat istri dan anak-anaknya, yang sedang dalam perjalanan pulang. Ia ingin mempersiapkan mereka untuk pemandangan memilukan yang menanti mereka. Pada masa sebelum adanya ponsel, hampir mustahil untuk menghubungi seseorang di jalan tanpa mengetahui rute mereka.

Saya berangkat dengan mobil, berdoa dengan sungguh-sungguh saat saya melewati jalanan Virginia utara yang kacau. Sambil menunggu di lampu merah, saya menundukkan kepala, mencurahkan isi hati saya kepada Tuhan. Tepat saat saya selesai berdoa dan melihat ke atas untuk melihat lampu lalu lintas, saya terkejut melihat teman saya dan anak-anaknya duduk tepat di samping saya! Saya segera keluar dari mobil dan mendesak Stephanie untuk mengikuti saya ke rumah. Saya menyampaikan berita buruk itu dengan lembut, meyakinkannya bahwa David aman tetapi akan ada pembicaraan yang sulit di depan.

Awalnya, dia mengira saya bercanda karena saya suka membuat lelucon, tetapi begitu kenyataan situasinya terungkap, kami mampu menciptakan suasana yang menenangkan baginya untuk mencerna berita itu—ruang aman yang difasilitasi oleh teman-teman tepercaya yang dapat berdoa bersama mereka untuk masa depan mereka yang tidak pasti. Sekali lagi, saya diingatkan tentang kekuatan doa syafaat yang luar biasa, menyadari bagaimana doa syafaat dapat berdampak besar pada jalannya peristiwa dalam hidup kita.

Studi Kasus: Kekuatan Transformatif Doa dalam Hidup Saya

DOA SERING KALI DIUCAPKAN dengan tenang, terutama di dalam hati kita, sehingga jarang bagi para pendoa syafaat untuk langsung menyaksikan dampak dari permohonan tulus mereka. Yang lebih jarang lagi adalah kesadaran bahwa kita adalah subjek doa seseorang, karena kerendahan hati kita sering kali menghalangi kita untuk membahas perjalanan rohani kita secara terbuka. Meskipun demikian, sesekali, kita diberkati dengan kesaksian luar biasa yang meneguhkan kuasa yang dilepaskan saat kita berdoa.

Dalam minggu yang penuh tantangan ini, baik pendeta saya maupun saya mengalami perjumpaan yang mendalam dengan kekuatan ini, dan saya ingin berbagi pengalaman ini sebagai studi kasus tentang hakikat doa.

Baru-baru ini, pendeta saya dan saya terlibat dalam percakapan tentang doa syafaat. Ia menceritakan suatu momen sebelumnya pada hari itu ketika ia begitu diliputi oleh Hadirat Tuhan, ia yakin seseorang sedang mendukungnya dalam doa. Pengetahuan bahwa orang lain mendukungnya dalam perjalanan rohaninya membuatnya sangat bersukacita.

Ini hanyalah pratinjau dari wahyu luar biasa yang telah Tuhan persiapkan bagi kita.

Beberapa hari kemudian, anak saya mengalami komplikasi serius akibat diabetes tipe 1, yang mengharuskannya dirawat di rumah sakit. Kondisinya terus memburuk sepanjang hari, tidak bisa makan, dan terus-menerus muntah. Kadar gula darahnya melonjak, dan meskipun sudah diberikan insulin, saya tidak bisa menstabilkannya.

Pukul 5 sore, saya diperintahkan untuk segera membawanya ke Rumah Sakit Anak di Boston, dengan cemas berharap dia tetap sadar dalam perjalanan ke sana.

Sesampainya di rumah sakit, dia begitu lemah sehingga dia membutuhkan kursi roda, putus asa memohon air, namun tidak mampu menahan segelas air pun.

Berjam-jam berlalu saat tim gawat darurat bekerja tanpa lelah, sementara saya menahan permintaan anak saya untuk minum air, sambil mengetahui bahwa dokter melarang bahkan es serut, karena berisiko memperburuk kondisinya. Hati saya hancur saat ia menghadapi ketoasidosis diabetik (KAD) ringan, dan satu-satunya sumber hidrasi adalah melalui infus.

Pada tengah malam, ia dipindahkan dari UGD ke ruang ICU di lantai 11—yang dikenal dengan sebutan kamar "Penthouse" karena pemandangan cakrawala kota dan tempat duduk dekat jendela yang nyaman bagi orang tua untuk beristirahat. Namun, ia jarang beristirahat malam itu; baru pukul 3 pagi saya diberi tahu bahwa anak saya tidak lagi dalam bahaya, meskipun ruangan itu masih ramai dengan aktivitas.

Akhirnya, saat ia tertidur, saya mendapati diri saya terkulai di kursi dekat jendela—lelah, kewalahan, dan sendirian. Pandangan saya tertuju pada atap-atap kota, dan meskipun saya lelah, saya mencoba berdoa. Sebelumnya malam itu, saya telah meminta bantuan teman-teman untuk berdoa syafaat, dan doa-doa merekalah yang membantu saya tetap tenang di tengah kekacauan itu.

Intervensi Ilahi di Fajar

Pada pukul 5 pagi, saya tiba-tiba tersentak bangun. Saya melihat sekeliling, bertanya-tanya apa yang telah menggeliat—hanya untuk menyadari bahwa saya sendirian di ruangan itu. Saya segera mendekati tempat tidur anak saya dan mendapati dia tertidur lelap, dikelilingi oleh perangkat medis: infus yang terus-menerus memberikan insulin, monitor yang memantau tanda-tanda vitalnya, dan lampu merah kecil yang bersinar dari jarinya. Boneka anjing kesayangannya, "Sparky," berbaring di sampingnya, menjadi teman setia selama cobaan ini.

Saya kembali ke tempat duduk dekat jendela, menatap ke luar ke arah kota yang mulai terbangun. Fajar menjanjikan keindahan, tetapi saya tidak merasakan apa pun kecuali kelelahan dan kesedihan. Kemudian, perubahan yang nyata menyelimuti saya—Kehadiran Tuhan yang luar biasa datang ke dalam ruangan. Suasana berubah saat saya merasakan Yesus telah masuk. "Sudah waktunya untuk bangun," kata-Nya, "Aku akan menopangmu."

Pada saat itu, Roh Kudus mengingatkan saya pada sebuah video yang luar biasa yang saya tonton di gereja minggu sebelumnya. Video itu menggambarkan seorang suami yang berbakti mengunjungi istrinya yang lumpuh di atap rumah sakit saat fajar. Dengan lembut, ia mengangkat istrinya dari kursi rodanya sehingga mereka dapat mengambil foto matahari terbit. Istrinya begitu lemah sehingga ia bahkan tidak dapat menekan tombol kamera, dan dengan penuh kasih, ia memegang tangan istrinya dengan tangannya saat mereka berfoto bersama. Itu adalah metafora yang menyentuh hati untuk kasih Kristus yang tak tergoyahkan—menopang kita saat kita merasa lemah dan tidak mampu.

Kenangan ini sangat menyentuhku. Aku merasa seolah-olah sedang berdiri di rumah sakit itu, di lantai paling atas, menatap atap-atap rumah, sama tak berdaya dan rapuhnya seperti wanita itu. Aku tidak dapat berbuat apa pun untuk menyembuhkan anakku, atau mengumpulkan kekuatan untuk bertahan. Namun, Yesus telah datang kepadaku di kamar rumah sakit itu, memelukku.

Saat saya menyaksikan matahari terbit, air mata mengalir deras. Saya diliputi oleh kasih-Nya, betapa indahnya Dia telah mempersiapkan saya untuk apa yang akan terjadi, dan bagaimana Kehadiran-Nya yang penuh kuasa memelihara jiwa saya. Bahkan hingga hari ini, sulit untuk menceritakan pengalaman itu tanpa menjadi emosional!

Untungnya, anak saya pulih sepenuhnya keesokan harinya, dan kami kembali ke rumah, bersyukur atas kesembuhannya dan banyaknya permohonan yang dipanjatkan atas namanya oleh teman-teman, pembaca, dan pemimpin gereja. Namun, kejutan tidak berhenti di situ.

Di gereja keesokan paginya, saya berbicara lagi dengan pendeta saya. Ia mendengar tentang pertemuan luar biasa saya dengan Yesus di rumah sakit pada pukul 5 pagi, dan berencana untuk mengunjungi kami tetapi tidak dapat melakukannya. Ia mengungkapkan bahwa tepat pada pukul 4:58 pagi itu, Tuhan telah membangunkannya secara tak terduga. "Untuk siapa saya harus berdoa?" tanyanya, dan Tuhan menjawab, "Keluarga Perkins." Dan ia pun berdoa.

Tepat pada saat itulah Yesus datang ke kamar rumah sakit saya, mengatur kesembuhan bagi anak saya dan memberi saya kekuatan.

Sinkronitas Doa yang Ajaib

Sungguh langka menyaksikan pekerjaan Tuhan yang tersinkronisasi baik dalam diri pendoa syafaat maupun penerima doa! Ini menjadi bukti kuat akan kebenaran yang ditemukan dalam Kitab Suci. Kita tidak sendirian; doa kita memiliki bobot dan makna. Setiap kali kita berdoa, kita menghasilkan kehidupan yang menyentuh mereka yang rentan dan memenuhi kebutuhan orang lain.

Ironi dalam doa syafaat adalah bahwa kita bercita-cita untuk mewujudkan kebenaran, kekuatan, dan kemanjuran dalam doa yang dibicarakan Yakobus. Namun, Roma 8:26 mengingatkan kita bahwa bahkan mereka yang berdoa pun sama lemahnya dengan mereka yang kita doakan! Roh Kudus membantu kita dalam kelemahan kita, membimbing kita ketika kita berjuang untuk mengartikulasikan doa-doa kita, mengingatkan kita bahwa sekadar hadir dalam doa adalah yang terpenting.

Melalui kemitraan ilahi ini, Yesus—yang memahami pikiran Roh, keinginan hati kita, dan kehendak Tuhan—menyelaraskan unsur-unsur ini untuk menghasilkan jawaban yang tidak hanya baik tetapi juga sangat memberkati setiap orang yang terlibat. Hanya Dialah sumber kebenaran, kuasa, dan efektivitas kita dalam berdoa.

Petualangan Awal Charles Finney dengan Doa yang Berjaya

"DENGAN CARA INI...."

"Saya Tidak Melihat Tuhan Menjawab Doa Mereka"

"Saya khususnya terpukul dengan kenyataan bahwa doa-doa yang saya dengarkan, dari minggu ke minggu, tidak, sejauh yang saya lihat, terjawab. Memang, saya memahami dari ucapan-ucapan mereka dalam doa, dan dari pernyataan-pernyataan lain dalam pertemuan-pertemuan mereka, bahwa mereka yang memanjatkan doa tidak menganggapnya terjawab.

Ketika saya membaca Alkitab, saya mempelajari apa yang Kristus katakan tentang doa dan jawaban atas doa. Ia berkata, "Mintalah, maka kamu akan menerima; carilah, maka kamu akan menemukan; ketoklah, maka pintu akan dibukakan bagimu. Karena setiap orang yang meminta, menerima dan setiap orang yang mencari, mendapat dan setiap orang yang mengetok, baginya pintu dibukakan." Saya juga membaca apa yang Kristus tegaskan, bahwa Allah lebih bersedia memberikan Roh Kudus-Nya kepada mereka yang meminta kepada-Nya, daripada orang tua duniawi yang memberikan hadiah yang baik kepada anak-anak mereka. Saya mendengar mereka terus-menerus berdoa memohon pencurahan Roh Kudus, dan tidak sering mengakui bahwa mereka tidak menerima apa yang mereka minta.

Mereka saling menasihati untuk bangun dan terlibat, dan berdoa dengan sungguh-sungguh untuk kebangkitan agama, sambil menegaskan bahwa jika mereka melakukan tugas mereka, berdoa untuk pencurahan Roh, dan sungguh-sungguh, maka Roh Allah akan dicurahkan, bahwa mereka akan mengalami kebangkitan agama, dan bahwa orang-orang yang tidak bertobat akan bertobat. Namun dalam doa dan pertemuan konferensi mereka, mereka terus-menerus mengakui, secara substansial, bahwa mereka tidak membuat kemajuan apa pun dalam mengamankan kebangkitan agama.

Ketidakkonsistenan ini, fakta bahwa mereka berdoa begitu banyak namun tidak dijawab, merupakan batu sandungan yang menyedihkan bagi saya. Saya tidak tahu harus berbuat apa.

Pertanyaan muncul dalam benak saya, apakah saya harus memahami bahwa orang-orang ini bukanlah orang Kristen sejati, dan karena itu tidak menang di hadapan Tuhan; atau apakah saya salah memahami janji dan ajaran Alkitab tentang pokok bahasan ini, atau apakah saya harus menyimpulkan bahwa Alkitab tidak benar? Ada sesuatu yang tidak dapat dijelaskan kepada saya; dan tampaknya, pada suatu waktu, hal itu hampir membuat saya menjadi skeptis. Bagi saya, ajaran Alkitab sama sekali tidak sesuai dengan fakta-fakta yang ada di depan mata saya.

Pada suatu kesempatan, ketika saya berada di salah satu pertemuan doa, saya ditanya apakah saya tidak ingin mereka berdoa untuk saya! Saya menjawab, tidak; karena saya tidak melihat bahwa Tuhan menjawab doa mereka.

Saya berkata, "Saya kira saya perlu didoakan, karena saya sadar bahwa saya seorang pendosa; tetapi saya tidak melihat bahwa berdoa bagi saya akan bermanfaat bagi Anda; karena Anda terus-menerus meminta, tetapi Anda tidak menerimanya. Anda telah berdoa untuk kebangkitan agama sejak saya berada di Adams, tetapi Anda tidak mendapatkannya. Anda telah berdoa agar Roh Kudus turun atas diri Anda sendiri, tetapi Anda mengeluh tentang tubuh Anda yang kurus." Saya ingat pernah menggunakan ungkapan ini pada waktu itu: **"Anda telah cukup banyak berdoa sejak saya menghadiri pertemuan-pertemuan ini untuk mengusir setan dari Adams, jika ada kebaikan dalam doa-doa Anda. Tetapi di sini Anda terus berdoa, dan**

masih mengeluh." Saya sangat bersungguh-sungguh dalam apa yang saya katakan, dan saya pikir saya agak kesal, karena saya terus-menerus berhadapan dengan kebenaran agama; yang merupakan keadaan baru bagi saya.

Namun setelah membaca Alkitab lebih lanjut, terpikir olehku bahwa **alasan mengapa doa mereka tidak terjawab adalah karena mereka tidak menaati persyaratan yang dinyatakan Allah ketika berjanji untuk menjawab doa; mereka tidak berdoa dengan iman, dalam artian tidak mengharapkan Allah memberikan apa yang mereka minta.**

Pikiran ini, untuk beberapa waktu, terbersit dalam benak saya sebagai pertanyaan yang membingungkan, bukan dalam bentuk pasti yang dapat diungkapkan dengan kata-kata. Akan tetapi, hal ini melegakan saya, sejauh menyangkut pertanyaan tentang kebenaran Injil; dan setelah bergumul dengan cara itu selama sekitar dua atau tiga tahun, pikiran saya menjadi tenang bahwa apa pun kebingungan yang mungkin ada baik dalam benak saya sendiri maupun dalam benak pendeta saya, atau dalam benak jemaat, Alkitab tetaplah Firman Allah yang sejati.

Setelah masalah ini terselesaikan, saya dihadapkan pada pertanyaan apakah saya akan menerima Kristus sebagaimana yang disajikan dalam Injil, atau menjalani kehidupan duniawi. Pada saat itu, pikiran saya, sebagaimana yang saya ketahui, begitu terkesan oleh Roh Kudus, sehingga saya tidak dapat membiarkan pertanyaan ini tidak terjawab; saya juga tidak dapat ragu-ragu untuk memilih antara dua jalan hidup yang disajikan kepada saya." Charles Finney, *Memoirs* .

Beberapa Pengamatan

Finney menyadari kebutuhannya untuk berdoa, tetapi tidak tertarik pada orang-orang yang berdoa untuknya karena doa-doa mereka tidak dijawab. Ketika ia kemudian memikirkan tentang pengalaman itu, ia menyadari bahwa orang-orang yang tulus dan bermaksud baik ini tidak tahu bagaimana cara berdoa—tidak pernah mempelajari apa yang Alkitab ajarkan tentang cara berdoa, dan mereka juga tidak mengharapkan jawaban!

Saya bertanya-tanya berapa banyak orang yang berdoa tanpa mengetahui apa yang Alkitab ajarkan tentang pokok bahasan tersebut, dan karena itu tidak memperoleh jawaban, di zaman kita? Saya bertanya-tanya berapa banyak orang yang berdoa tanpa mengharapkan permohonan mereka dikabulkan? Terlalu banyak dari apa yang dapat saya lihat!

Biografi Laubach, Frank Charles (1884-1970)

Misionaris Kongregasi dan Rasul Literasi Dunia

FRANK CHARLES LAUBACH (2 September 1884 - 11 Juni 1970), dari Benton, Pennsylvania adalah seorang misionaris Kristen Kongregasional yang menempuh pendidikan di Seminari Teologi Union dan Universitas Columbia, dan seorang mistikus yang dikenal sebagai "Rasul bagi Kaum Buta Huruf."

Pada tahun 1915 (lihat Laubach, Thirty Years With the Silent Billion), saat bekerja di antara umat Muslim di lokasi terpencil di Filipina, ia mengembangkan program literasi "Each One Teach One". Program ini telah digunakan untuk mengajar sekitar 60 juta orang membaca dalam bahasa mereka sendiri. Ia sangat prihatin dengan kemiskinan, ketidakadilan, dan buta huruf, dan menganggapnya sebagai hambatan bagi perdamaian di dunia.

Pada tahun 1955, ia mendirikan Laubach Literacy, yang membantu memperkenalkan sekitar 150.000 orang Amerika untuk membaca setiap tahun dan telah berkembang hingga mencakup 34 negara berkembang. Diperkirakan 2,7 juta orang di seluruh dunia belajar membaca melalui program-program yang berafiliasi dengan Laubach.[2] Pada tahun 2002, kelompok ini bergabung dengan Literacy Volunteers of America, Inc. untuk membentuk Pro Literacy Worldwide.

Selama tahun-tahun terakhir hidupnya, Laubach berkeliling dunia untuk berbicara tentang topik literasi dan perdamaian dunia. Ia adalah penulis sejumlah tulisan dan karya tentang literasi.

Salah satu karya renungannya yang paling berpengaruh adalah sebuah pamflet berjudul "The Game with Minutes." Di dalamnya, Laubach mendesak orang Kristen untuk berusaha mengingat Tuhan setidaknya selama satu detik setiap menit dalam sehari. Dengan cara ini, orang Kristen dapat mencoba sikap doa terus-menerus yang dibicarakan dalam Surat Pertama kepada Jemaat di Tesalonika. Pamflet tersebut memuji keutamaan hidup yang dijalani dengan fokus yang tak henti-hentinya kepada Tuhan. Wawasan Laubach datang dari eksperimennya dalam doa yang dirinci dalam kumpulan suratnya yang diterbitkan dengan judul, Letters by a Modern Mystic.

Laubach adalah satu-satunya misionaris Amerika yang dihormati pada prangko AS, prangko seri Great Americans senilai 30¢ pada tahun 1984.

LAUBACH MEMILIKI MINAT yang mendalam terhadap Filipina. Ia menulis biografi pahlawan nasional Filipina, Jose Rizal: Manusia dan Martir, yang diterbitkan di Manila pada tahun 1936. Ia juga menerjemahkan puisi perpisahan sang pahlawan, "Mi Ultimo Adios" (Perpisahan Terakhirku). Versinya menduduki peringkat kedua dalam hal ide, isi, rima, dan gaya di antara 35 terjemahan bahasa Inggris dalam sebuah koleksi.

Dia adalah pelopor sastra Maranao. Dia menulis:

Masyarakat Moro di Danau Lanao memiliki kekayaan sastra yang luar biasa, terlebih lagi karena sastra tersebut hanya ada dalam ingatan masyarakat dan baru mulai ditulis. Sastra tersebut terdiri dari lirik dan puisi dengan unsur epik yang sangat menonjol.

Penekanannya pada penggunaan Bahasa Inggris Mudah untuk literasi secara langsung mengarah pada pengembangan oleh WEC International pada tahun 1962 dari sebuah surat kabar penginjilan yang menggunakan kosakata dasarnya yang disebut SOON! yang dicetak sekitar 3 juta eksemplar setahun dan didistribusikan ke seluruh dunia melalui pos, hingga berhenti pada tahun 2015. Ia juga melatih mantan misionaris Fred Morris dalam penggunaan Worldwide Easy English untuk komentar pengajaran Alkitabnya yang ditulis di Amerika Serikat pada tahun 1990-an dan diterbitkan oleh Manna Publications (Inggris) sejak tahun 2000.

Bab 1: Berdoa untuk Para Pemimpin Dunia

Tema Utama:

- Dunia ini rapuh, dan tanpa campur tangan Tuhan, kita menghadapi risiko perang dan kehancuran.
- Para pemimpin membuat keputusan yang berdampak pada jutaan orang, dan mereka membutuhkan hikmat ilahi.
- Banyak krisis global masa lalu dapat dihindari jika lebih banyak orang berdoa.
- Doa dapat memengaruhi pemimpin secara tidak langsung dengan membuka hati dan pikiran mereka terhadap bimbingan Tuhan.

Kekuatan Doa dalam Kepemimpinan

Seorang pelaut pernah berkata selama Perang Dunia II, "Mari kita berdoa dengan sungguh-sungguh, kawan-kawan, atau kapal ini akan meledak." Pernyataan ini bukan hanya tentang momen itu dalam sejarah—pernyataan ini berlaku untuk seluruh dunia saat ini. Negara-negara terpecah, konflik terus berlanjut, dan keputusan yang dibuat di tingkat tertinggi berdampak pada jutaan jiwa.

Banyak orang percaya bahwa pemimpin politik memegang semua kekuasaan, tetapi kenyataannya, Tuhan memegang masa depan di tangan-Nya. Ketika kita berdoa, kita tidak hanya mengucapkan kata-kata penuh harapan—kita mengaktifkan **kekuatan paling dahsyat di dunia** . Para pemimpin membutuhkan hikmat yang melampaui pemahaman mereka sendiri, dan hanya campur tangan ilahi yang dapat membimbing mereka untuk bertindak dengan kebenaran dan keadilan.

"Hati raja ada di dalam tangan Tuhan; Ia mengalirkannya seperti batang air ke mana Ia mau." — Amsal 21:1

Dunia yang Sedang Krisis Meminta Dunia untuk Berdoa

Jika kita melihat ke sekeliling kita saat ini, kita melihat ketidakstabilan politik, perang, krisis ekonomi, dan kemerosotan moral. Kebutuhan akan bimbingan ilahi tidak pernah sebesar ini. Masalahnya adalah meskipun banyak orang merasa tertekan dengan peristiwa dunia, sangat sedikit yang mengambil tindakan melalui doa.

Bayangkan apa yang akan terjadi jika **jutaan orang berdoa setiap hari untuk para pemimpin dunia** — untuk kebijaksanaan, untuk keadilan, untuk perdamaian. Sama seperti sungai yang terbentuk dari tetesan air yang tak terhitung jumlahnya, **gelombang doa global dapat membawa perubahan** .

"Jika umat-Ku, yang atasnya nama-Ku disebut, merendahkan diri, berdoa dan mencari wajah-Ku, lalu berbalik dari jalan-jalannya yang jahat, maka Aku akan mendengar dari sorga dan mengampuni dosa mereka, serta memulihkan negeri mereka." — 2 Tawarikh 7:14

Sekaranglah waktunya untuk **gerakan doa** yang akan memengaruhi pikiran dan keputusan mereka yang berkuasa.

Cara Berdoa untuk Para Pemimpin Dunia

Banyak orang bertanya-tanya: *Bagaimana doa kecil saya dapat memengaruhi peristiwa-peristiwa besar dunia?* Sebenarnya, **Tuhan bekerja melalui doa dengan cara-cara yang tidak dapat kita lihat** . Berikut ini cara kita dapat berdoa secara efektif bagi para pemimpin dunia:

1. **Berdoa untuk Kebijaksanaan dan Integritas**
   - Mohon kepada Tuhan agar memberikan hikmat kepada para pemimpin untuk mengambil keputusan yang adil dan benar.
   - Berdoalah agar mereka bertindak dengan integritas, kejujuran, dan keadilan.
2. **Berdoalah untuk Hati yang Penuh Kasih Sayang**
   - Pemimpin memiliki kekuatan untuk membantu atau menyakiti jutaan orang. Berdoalah agar mereka bertindak dengan kasih dan perhatian kepada semua orang, bukan hanya demi keuntungan politik.
3. **Berdoa untuk Perlindungan dari Pengaruh Jahat**
   - Banyak pemimpin menghadapi tekanan dari penasihat yang korup dan orang-orang yang haus kekuasaan. Mintalah Tuhan untuk mengelilingi mereka dengan **kebenaran dan keadilan** .
4. **Berdoa untuk Perdamaian dan Persatuan Antar Bangsa**
   - Mintalah kepada Tuhan untuk membimbing para pemimpin menuju diplomasi, perjanjian damai, dan persatuan, bukannya perang dan perpecahan.
5. **Berdoa untuk Keberanian dalam Membela Apa yang Benar**
   - Beberapa pemimpin tahu apa yang benar tetapi takut mengambil tindakan. Berdoalah agar mereka memiliki keberanian untuk membela keadilan, meskipun keadilan itu tidak populer.

Rencana Aksi: Bagaimana Anda Dapat Membuat Perbedaan

Di akhir setiap bab, mari kita ambil **langkah-langkah praktis** untuk menerapkan apa yang telah kita pelajari. Berikut ini cara Anda dapat mulai berdoa bagi para pemimpin dunia saat ini:

- **Tetapkan Pengingat Berdoa** – Pilih waktu tertentu setiap hari untuk berdoa bagi para pemimpin dunia. Bisa di pagi hari, saat makan siang, atau sebelum tidur.
- **Berdoa Sambil Menonton Berita** – Alih-alih merasa frustrasi atau tidak berdaya, ubahlah setiap berita menjadi permohonan doa.
- **Mulailah Kelompok Doa** – Kumpulkan teman-teman atau keluarga untuk berdoa bagi para pemimpin setiap minggu.
- **Tulis Surat kepada Pemimpin dan Beri Tahu Mereka bahwa Anda Berdoa** – Surat atau email sederhana yang mengatakan, *"Saya berdoa untuk Anda"* dapat menyemangati mereka.
- **Gunakan Doa Berbasis Kitab Suci** – Doakan ayat-ayat Alkitab untuk para pemimpin (misalnya, Amsal 21:1, 1 Timotius 2:1-2).

Pertanyaan Refleksi:

1. Seberapa sering saya berdoa untuk para pemimpin negara saya?
2. Percayakah aku bahwa doa-doaku dapat memengaruhi arah bangsaku?
3. Pemimpin spesifik manakah yang dapat saya doakan minggu ini?
4. Bagaimana saya bisa mendorong orang lain untuk berdoa bagi para pemimpin dunia?

Bagian Penjurnalan:

- Hari ini, saya berdoa untuk para pemimpin ini:
- Saya merasa terdorong untuk berdoa tentang:
- Ayat Alkitab yang menonjol bagi saya:
- Suatu perubahan yang saya harap dapat saya lihat melalui doa:

Ringkasan:

Dunia sedang kacau, dan sejarah telah menunjukkan kepada kita bahwa tanpa bimbingan ilahi, para pemimpin dapat membuat keputusan yang mengarah pada perang, penderitaan, dan kehancuran. Dalam bab ini, kita diingatkan bahwa doa memiliki kuasa untuk membentuk arah bangsa-bangsa. Ketika kita berdoa bagi para pemimpin, kita mengundang hikmat, keadilan, dan kedamaian Tuhan ke dalam hati dan keputusan mereka. Daripada merasa tidak berdaya saat menonton berita, kita dapat berpartisipasi aktif dalam urusan dunia melalui doa yang terfokus dan konsisten.

dan Tindakan Akhir

Anda mungkin tidak pernah memasuki Gedung Putih, Parlemen, atau Perserikatan Bangsa-Bangsa, tetapi doa-doa Anda **dapat** ... Anda memiliki kekuatan untuk mengundang Tuhan ke dalam urusan dunia. **Mari kita mulai hari ini.**

Anda dapat bergabung dengan komunitas gerakan 10 juta di Facebook melalui tautan ini –

https://www.otakada.org/facebookintercessory

Anda dapat bergabung dengan Komunitas 10 juta Pendoa Syafaat di WhatsApp melalui tautan ini –

https://www.otakada.org/whatsappintercessory

ANDA DAPAT MEMPELAJARI tentang 10 juta koordinator gerakan Syafaat di God's Eagle Ministries (GEM) melalui tautan ini – https://www.otakada.org

Sampai jumpa di sisi lain!

Pasukan Perantara God's Eagle Ministries (GEM) untuk Akhir Zaman!

Bab 2: Berdoa untuk Gereja

Tema Utama:

- Gereja memiliki peran penting dalam membawa harapan dan penyembuhan bagi dunia yang menderita.
- Banyak gereja yang lemah secara rohani karena mereka tidak memiliki doa yang bersatu dan khusyuk.
- Doa dapat menghidupkan kembali Gereja dan menjadikannya kekuatan untuk perubahan global.
- Umat Kristen harus secara aktif mendukung misi dan upaya penjangkauan melalui doa dan pemberian.

Mengapa Gereja Membutuhkan Doa Sekarang Lebih dari Sebelumnya

Dunia sedang mengalami **krisis spiritual** — orang-orang tersesat, putus asa, dan mencari makna. Namun, banyak gereja sedang berjuang. Beberapa gereja lemah secara spiritual, sementara yang lain berfokus pada hiburan daripada transformasi sejati. Apa yang hilang? **DOA.**

Yesus berkata, *"Rumah-Ku akan disebut rumah doa bagi segala bangsa" (Markus 11:17).* Jika gereja benar-benar menjadi **rumah doa** , dunia akan melihat perubahan radikal.

Pentakosta dimulai dengan doa, dan setiap kebangkitan besar dalam sejarah lahir dari doa.

"Jika kita berdoa, kita akan melihat keajaiban. Jika tidak, kita tidak akan melihat apa pun kecuali usaha manusia."

Gereja bukan hanya sekadar bangunan—gereja adalah **gerakan umat Allah** . Agar gerakan ini bertumbuh, gerakan ini harus **didorong oleh doa** .

Bagaimana Doa Mengubah Gereja

Ketika seluruh jemaat berkomitmen untuk berdoa, hal-hal luar biasa terjadi:

1. **Semangat Persatuan Memenuhi Gereja**
   - Doa menyatukan orang-orang melampaui perbedaan latar belakang, ras, atau pendapat pribadi.
   - Gereja yang berdoa adalah **gereja yang penuh kasih** , di mana jemaatnya saling peduli satu sama lain.
2. **Kekuatan Roh Kudus Dilepaskan**
   - Pada hari Pentakosta, para murid berdoa bersama, dan **Roh Kudus turun ke atas mereka dengan kuasa** (Kisah Para Rasul 2:1-4).
   - Mukjizat, penyembuhan, dan pertobatan terjadi **ketika orang berdoa dengan pengharapan** .
3. **Para Pendeta dan Pemimpin Diperkuat**
   - Banyak pendeta merasa **lelah, putus asa, dan kewalahan** .
   - **Doa menyelimuti mereka dengan kekuatan dan kebijaksanaan** untuk memimpin secara efektif.
4. **Gereja Menjadi Mercusuar Harapan**
   - Ketika doa menjadi fondasinya, **gereja menjadi tempat penyembuhan dan transformasi** .
   - Orang-orang yang terhilang tertarik kepada Kristus ketika mereka melihat **gereja yang hidup secara rohani** .

Cara Berdoa untuk Gereja

Berikut ini cara kita dapat menjadi perantara bagi **gereja, pendeta, dan sesama orang percaya** :

1. Berdoa untuk Kebangunan Rohani

- Mohon agar Tuhan **membangkitkan hati** dan menghadirkan gairah baru bagi-Nya.
- Berdoa agar Gereja berani **dalam mewartakan kebenaran dan kasih** .

2. Berdoa untuk Pendeta dan Pemimpin

- Berdoa memohon **kebijaksanaan, kekuatan, dan perlindungan** bagi para pendeta.
- Mohon agar Tuhan memenuhi mereka dengan Roh Kudus, agar mereka dapat **memimpin dengan keberanian** .

3. Berdoa untuk Persatuan Antar Umat Beriman

- Musuh mencoba memecah belah gereja—berdoalah memohon **kasih dan rekonsiliasi** .
- Mohon agar Tuhan menyingkirkan kesombongan, gosip, dan konflik dari dalam Gereja.

4. BERDOA AGAR KITA Lapar Akan Firman Tuhan

- Banyak orang Kristen dewasa ini kurang memiliki **pengetahuan**

Alkitab yang mendalam —berdoalah untuk **kelaparan rohani** .

- Mohon agar Tuhan membangkitkan **murid-murid yang kuat dan setia** .

5. Berdoa untuk Gereja dan Misionaris Global

- Banyak orang Kristen di seluruh dunia **dianiaya karena iman mereka** .
- Berdoa memohon **kekuatan, perlindungan, dan keberanian** bagi orang-orang percaya yang berada di tempat-tempat sulit.

Rencana Aksi: Langkah-Langkah Memperkuat Gereja Melalui Doa

1. **Berkomitmenlah untuk berdoa bagi gereja Anda setiap hari** – Bahkan 5 menit sehari dapat membawa perubahan.

1. **Mulailah rantai doa** – Kumpulkan sekelompok kecil orang untuk berdoa secara rutin bagi gereja Anda.

1. **Dorong pendeta Anda** – Beri tahu mereka bahwa Anda berdoa untuk mereka.

1. **Berdoalah untuk para misionaris dan orang-orang Kristen yang teraniaya** – Mohon agar Tuhan menguatkan mereka.

1. **Gunakan doa yang berdasarkan Kitab Suci** – Contoh: *"Tuhan, bangunlah jemaat-Mu, supaya alam maut tidak menguasainya" (Matius 16:18).*

Pertanyaan Refleksi:

1. Seberapa sering saya berdoa untuk gereja dan pemimpin saya?
2. Percayakah saya bahwa doa dapat mendatangkan kebangkitan bagi gereja saya?
3. Apa satu area dimana gereja saya paling membutuhkan doa?
4. Bagaimana saya dapat mendorong lebih banyak orang untuk berdoa bagi Gereja?

Bagian Penjurnalan:

- **Hari ini, saya berdoa untuk para pemimpin gereja berikut:**
- **Suatu kebutuhan di gereja saya yang membuat saya merasa terdorong untuk berdoa:**
- **Sebuah ayat Alkitab yang menonjol bagi saya:**
- **Suatu perubahan yang saya harap dapat saya lihat melalui doa:**

Ringkasan:

Gereja adalah alat Tuhan untuk membawa harapan, penyembuhan, dan transformasi ke dunia. Akan tetapi, banyak gereja dewasa ini tidak memiliki api dan kuasa doa. Dalam bab ini, kita akan membahas mengapa Gereja membutuhkan kebangkitan **doa yang bersatu dan penuh semangat** serta bagaimana kita dapat menjadi perantara bagi para pendeta, misionaris, dan umat beriman di seluruh dunia.

dan Tindakan Akhir

Masa **depan Gereja bergantung pada doa** . Setiap gerakan besar Allah dimulai ketika umat-Nya **merendahkan diri dan berdoa** . Jangan hanya **mengharapkan kebangkitan rohani—berdoalah untuk itu!**

Anda dapat bergabung dengan komunitas gerakan 10 juta di Facebook melalui tautan ini –

https://www.otakada.org/facebookintercessory

Anda dapat bergabung dengan Komunitas 10 juta Pendoa Syafaat di WhatsApp melalui tautan ini –

https://www.otakada.org/whatsappintercessory

ANDA DAPAT MEMPELAJARI tentang 10 juta koordinator gerakan Syafaat di God's Eagle Ministries (GEM) melalui tautan ini – https://www.otakada.org

Sampai jumpa di sisi lain!

Pasukan Perantara God's Eagle Ministries (GEM) untuk Akhir Zaman!

Bab 3: Bagaimana Doa Membantu Tuhan

Tema Utama:

- Doa tidak mengubah kehendak Tuhan, tetapi doa membuka hati manusia terhadap bimbingan-Nya.
- Studi ilmiah (seperti telepati) menunjukkan bahwa pikiran dapat memengaruhi satu sama lain, memperkuat kekuatan doa syafaat.
- Alkitab mengajarkan bahwa doa menciptakan saluran rohani yang melaluinya Tuhan bekerja.
- Orang yang didoakan sering kali mendapat petunjuk ilahi tanpa mengetahui ada yang bersyafaat bagi mereka.

Misteri Doa: Cara Kerjanya

Pernahkah Anda berpikir, *Jika Tuhan selalu melakukan yang terbaik, mengapa kita perlu berdoa?* Sebenarnya, **Tuhan merancang doa sebagai jalan agar kuasa-Nya mengalir ke dalam dunia kita** .

Bayangkan seperti **listrik** — daya selalu tersedia, tetapi kita harus **menekan tombol** untuk menyalakan lampu. Dengan cara yang sama, doa adalah **tombol yang mengaktifkan kekuatan Tuhan dalam situasi di sekitar kita** .

"Kamu tidak memperoleh apa-apa, karena kamu tidak berdoa kepada Allah." — Yakobus 4:2

Ketika kita berdoa:

- Kita menyelaraskan hati kita dengan rencana Tuhan.
- Kita mengundang kuasa-Nya ke dalam situasi yang memerlukan perubahan.
- Kami membuka pintu agar keajaiban bisa terjadi.

Doa Adalah Kemitraan dengan Tuhan

Tuhan memilih untuk **bekerja melalui orang-orang yang berdoa** . Dia telah memberi kita **wewenang** di bumi untuk mengundang kehendak-Nya terjadi.

"Aku telah memberikan kepadamu kuasa untuk mengalahkan semua kekuatan musuh." — Lukas 10:19

Contoh-contoh Kekuatan Doa dalam Aksi

1. **Doa Musa Menyelamatkan Israel**
    - Tuhan berencana menghancurkan Israel karena dosa mereka.
    - Musa menengahi, dan **Tuhan mengubah jalannya sejarah** (Keluaran 32:11-14).
2. **Doa Elia Menghentikan Hujan**
    - Elia berdoa, dan hujan tidak turun selama **tiga setengah tahun** (Yakobus 5:17).
    - Dia berdoa lagi, dan **hujan pun turun lagi** .
3. **Doa Yesus Menguatkan Petrus**
    - Yesus berkata kepada Petrus: *"Iblis telah meminta untuk menampi kamu seperti gandum, tetapi Aku telah berdoa untuk engkau"* (Lukas 22:31-32).
    - Iman Petrus **tetap kuat karena Yesus berdoa** .

Jika **Musa, Elia, dan Yesus** berdoa—dan melihat hasilnya—mengapa kita tidak?

Bagaimana Doa Kita Membantu Pekerjaan Tuhan

Ketika kita berdoa, kita:

1. **Membuka hati orang-orang terhadap suara Tuhan**
   - Banyak orang mengabaikan Tuhan—doa kita **membantu mereka menjadi reseptif**.
2. **Mengundang kebijaksanaan dan perlindungan ilahi**
   - Kehadiran Tuhan **mengubah suasana** rumah, tempat kerja, dan kota.
3. **Hancurkan rencana musuh**
   - Doa **menghalangi kejahatan mengambil alih** situasi.
4. **Lepaskan berkat dan mukjizat Tuhan**
   - Ketika kita berdoa, **kesembuhan, penyediaan, dan terobosan datang**.

Rencana Aksi: Bagaimana Bermitra dengan Tuhan dalam Doa

1. **Berdoa dengan penuh otoritas** – Percayalah bahwa doa Anda **membuat perbedaan** .

1. **Berdoalah secara khusus** – Daripada berdoa secara umum, mintalah kepada Tuhan **hal-hal yang jelas dan berani** .

1. **Berdoa untuk orang lain** – Berdirilah di tengah-tengah mereka yang tidak tahu bagaimana cara berdoa.

1. **Gunakan doa berdasarkan Kitab Suci** – Contoh: *"Datanglah Tuhan, jadilah keinginan-Mu" (Matius 6:10).*

1. **Harapkan hasil** – Buatlah **jurnal doa** dan lacak apa yang Tuhan lakukan!

Pertanyaan Refleksi:

1. Percayakah aku bahwa doa-doaku memberikan dampak yang nyata?
2. Situasi apa yang membutuhkan kuasa Tuhan saat ini?
3. Bagaimana saya dapat berdoa dengan lebih berani dan beriman?
4. Langkah apa yang dapat saya ambil untuk menjadi pejuang doa yang lebih kuat?

Bagian Penjurnalan:

- Hari ini saya berdoa untuk:
- Sebuah ayat Alkitab yang memperkuat iman saya dalam doa:
- Terobosan doa yang saya percayai:
- Sesuatu yang saya pelajari tentang doa hari ini:

Ringkasan:

Banyak orang bertanya-tanya: *Jika Tuhan itu Mahakuasa, apakah Dia benar-benar membutuhkan doa kita?* Jawabannya adalah **YA!** Doa bukanlah tentang mengubah pikiran Tuhan—melainkan tentang **bermitra dengan-Nya untuk mewujudkan kehendak-Nya di bumi**. Bab ini membahas bagaimana **doa membuka pintu, mengubah kehidupan, dan mengundang kuasa Tuhan ke dunia**.

Pemikiran dan Tindakan Akhir

Doa **bukanlah sesuatu yang pasif—doa itu penuh kuasa!** Ketika Anda berdoa, Anda **bekerja bersama Tuhan untuk mengubah kehidupan, bangsa, dan keadaan** . Jangan remehkan kuasa yang Anda miliki dalam doa—**mulai berdoa dengan keyakinan hari ini!**

Bab 4: Eksperimen Doa

Tema Utama:

- Doa harus diuji dan dicoba untuk melihat efek nyatanya.
- Alkitab menganjurkan doa yang terus-menerus dan kreatif.
- "Doa kilat" (doa cepat dan spontan) bisa sama kuatnya dengan doa yang panjang dan terstruktur.
- Orang dapat mengintegrasikan doa ke dalam kehidupan sehari-hari dengan cara yang tak terduga.

Petualangan Doa

Pernahkah Anda bertanya-tanya, *Bagaimana saya tahu doa saya berhasil?* Satu-satunya cara untuk mengetahuinya adalah dengan **berdoa dan mengamati hasilnya** .

Doa itu seperti **sains** — ilmuwan melakukan eksperimen untuk melihat apa yang berhasil.

Kita dapat melakukan hal yang sama dengan doa.

- Apa yang terjadi ketika saya berdoa untuk seseorang yang membutuhkan?
- Apakah doa mengubah situasi di tempat kerja?
- Bisakah doa memengaruhi sikap orang-orang di sekitar saya?

"U**jilah Aku dalam hal ini," firman Tuhan semesta alam, "dan lihatlah apakah Aku tidak akan membuka pintu-pintu air di langit dan mencurahkan begitu banyak berkat sehingga tidak ada tempat yang cukup untuk menyimpannya."** — Maleakhi 3:10

Allah mengundang kita untuk **menguji kesetiaan-Nya melalui doa** .

Percobaan Doa Sederhana yang Dapat Dicoba

1. Shalat Kilat Sepanjang Hari

Alih-alih doa yang panjang, cobalah **doa yang cepat dan hening** untuk orang-orang yang Anda temui.

- **Sedang bekerja:** *"Tuhan, berkatilah bosku dengan kebijaksanaan hari ini."*
- **Di toko:** *"Tuhan, biarlah kasih-Mu meliputi kasir ini."*
- **Saat mengemudi:** *"Tuhan, jagalah kota ini tetap aman hari ini."*

Pengamatan: Apakah Anda melihat adanya perubahan dalam sikap Anda? Apakah orang lain merespons secara berbeda?

2. Berdoa Saat Membaca Berita Utama

Daripada merasa terbebani oleh berita buruk, **ubahlah menjadi doa** .

- Jika Anda mendengar tentang perang, berdoalah untuk **perdamaian** .
- Jika Anda melihat ketidakadilan, berdoalah untuk **keadilan dan perlindungan** .
- Jika terjadi bencana alam, berdoalah memohon **pertolongan dan kesembuhan** .

Pengamatan: Apakah Anda merasa kurang cemas dan lebih penuh harapan saat berdoa?

3. Berdoa untuk Orang yang "Sulit"

Pilih seseorang yang menantang untuk dihadapi—mungkin **atasan, rekan kerja, atau anggota keluarga** .

- Setiap hari selama seminggu, **doakan mereka** —minta Tuhan memberkati mereka, mengubah hati mereka, dan membimbing mereka.
- Mintalah Tuhan untuk mengubah **sikap Anda** terhadap mereka juga.

Pengamatan: Apakah mereka mulai bertindak berbeda? Apakah Anda merasa lebih damai di sekitar mereka?

4. Jalan Doa

Berjalan-jalan sebentar di sekitar lingkungan Anda, di sekitar tempat kerja Anda, atau bahkan di pusat perbelanjaan.

- dalam hati **untuk orang-orang dan tempat-tempat** yang Anda lewati.
- Mohon agar Tuhan **memberkati rumah, bisnis, dan sekolah** .
- Berdoalah untuk **pertemuan ilahi** —kesempatan untuk menyemangati seseorang.

Pengamatan: Apakah Anda merasakan adanya **perubahan suasana** ? Apakah ada orang yang tiba-tiba terbuka kepada Anda?

Kunci Eksperimen Doa yang Ampuh

Semakin Anda **berdoa dengan sengaja** , semakin Anda akan **melihat Tuhan bergerak** .

- **Buatlah jurnal tentang percobaan doa Anda.**
- **Bersabarlah—beberapa doa membutuhkan waktu!**
- **Harapkan kejutan—Tuhan bekerja dengan cara yang tak terduga!**

"Mintalah, maka akan diberikan kepadamu; carilah, maka kamu akan mendapat; ketoklah, maka pintu akan dibukakan bagimu." — Matius 7:7

Rencana Aksi: Langkah-Langkah untuk Memperkuat Kehidupan Doa Anda

1. **Pilih satu eksperimen doa untuk dicoba minggu ini.**

1. **Buatlah jurnal doa dan pengamatan Anda.**

1. **Bagikan kesaksian dengan orang lain—rayakan doa yang terjawab!**

1. **Mintalah kepada Tuhan agar lebih kreatif dalam cara Anda berdoa.**

1. **Jangan menyerah!** Meski hasilnya belum terlihat, tetaplah berdoa.

Pertanyaan Refleksi:

1. Apa tantangan terbesar saya dalam berdoa?
2. Pernahkah saya mencoba "eksperimen doa" sebelumnya? Apa yang terjadi?
3. Bagaimana saya dapat mengubah lebih banyak momen dalam hari saya menjadi **kesempatan berdoa** ?
4. Area kehidupan manakah yang saat ini membutuhkan lebih banyak **doa yang sungguh-sungguh ?**

Bagian Penjurnalan:

- **Hari ini saya mencoba jenis doa ini:**
- **Saya berdoa untuk:**
- **Apa yang saya perhatikan atau alami:**
- **Sebuah ayat Alkitab yang mendorong saya untuk terus berdoa:**

Ringkasan:

Banyak orang berjuang dengan doa karena mereka tidak **melihat hasil langsung** . Namun, bagaimana jika doa itu seperti menanam benih? Beberapa doa membutuhkan waktu untuk tumbuh, sementara yang lain menghasilkan hasil instan. Bab ini membahas **cara-cara praktis untuk menguji kekuatan doa** , mendorong kita untuk menjadi **penjelajah spiritual** — bersedia melangkah keluar, berdoa dengan berani, dan melihat apa yang Tuhan lakukan.

Pemikiran dan Tindakan Akhir

Cara terbaik untuk bertumbuh dalam doa adalah **berdoa dan mengamati apa yang terjadi** . Bersikaplah berani, penuh harap, dan **perhatikan bagaimana Tuhan bekerja saat Anda berdoa!**

Bab 5: Kristus—Jawabannya

Tema Utama:

- Ajaran Yesus memberikan jawaban utama bagi permasalahan dunia.
- Orang Kristen harus "dipenuhi Kristus," dengan membiarkan kehidupan dan pikiran-Nya membentuk kehidupan mereka.
- Doa yang sejati berarti menyelaraskan diri sepenuhnya dengan Kristus.
- Semakin dekat seseorang berjalan dengan Kristus, semakin kuat doanya.

Yesus—Sumber Segala Kekuatan

Sepanjang sejarah, **para pemikir, ilmuwan, dan pemimpin terhebat** telah mencari **kebenaran dan makna** . Namun, Yesus telah memberi kita **jawaban yang kita butuhkan** :

"Akulah jalan dan kebenaran dan hidup. Tidak ada seorang pun yang datang kepada Bapa, kalau tidak melalui Aku." — Yohanes 14:6

Yesus tidak hanya mengajar **tentang Tuhan** —Dia **adalah Tuhan dalam wujud manusia** .

- Kebijaksanaannya lebih besar dari **pengetahuan** dunia.
- Cintanya lebih dalam dari hubungan antarmanusia .
- Kekuatannya lebih kuat dari kekuatan apa pun di bumi .

Apakah Kita Mendengarkan Suara yang Tepat?

Kita hidup di dunia yang bising, penuh dengan:

- Berita, opini, dan gangguan yang tak ada habisnya.
- Suara-suara di media sosial bersaing untuk mendapatkan perhatian.
- Panduan pengembangan diri yang membuat orang **kosong dan bingung**.

Namun, **ada satu suara yang paling penting** —suara Yesus.

Bagaimana Tetap Dekat dengan Yesus Mengubah Segalanya

Berdoa bukan hanya tentang meminta sesuatu—melainkan tentang **tetap terhubung dengan Kristus** .

1. Kristus Memberikan Kita Pola Pikir Baru

- Dunia berkata: *"Kamu sendiri yang mengurusnya."*
- Yesus berkata: *"Aku sekali-kali tidak akan membiarkan engkau dan Aku sekali-kali tidak akan meninggalkan engkau"* (Ibrani 13:5).

2. Ketika kita berpikir seperti Kristus , kita mengganti:

- **Khawatir dengan iman**
- **Takut dengan keberanian**
- **Kebingungan dengan kejelasan**

"**Kita memiliki pikiran Kristus.**" — 1 Korintus 2:16

3. Kehadiran Kristus Memberikan Kita Kekuatan

Hidup bisa **sangat membebani** , tetapi ketika kita menghabiskan waktu bersama Yesus:

- **Kita merasakan kedamaian di tengah badai.**
- **Kita memiliki sukacita bahkan di tengah cobaan.**
- **Kita menemukan harapan bahkan saat hidup terasa gelap.**

"Datanglah kepada-Ku, semua yang lelah, Aku akan memberi kelegaan kepadamu." — Matius 11:28

4. Kristus Mengisi Kekosongan dalam Hidup Kita

Banyak orang mencari makna dalam:

- **Uang, hubungan, atau kesuksesan.**
- **Hiburan, kesenangan, atau gangguan.**
- **Ritual keagamaan tanpa hubungan nyata dengan Tuhan.**

Namun **hanya Kristus yang memuaskan jiwa** .
"Barangsiapa minum air yang akan Kuberikan, ia tidak akan haus lagi."
— Yohanes 4:14

Cara Tetap Terhubung dengan Kristus Setiap Hari

1. **Mulailah Hari Bersama Yesus**
    - Sebelum memeriksa ponsel Anda, luangkan waktu untuk **berdoa dan mendengarkan** .
    - Bacalah ayat Alkitab dan tanyakan, *"Tuhan, apa yang ingin Engkau ajarkan kepadaku hari ini?"*
2. **Berdoa Sepanjang Hari**
    - Lakukan **percakapan singkat dengan Yesus** saat Anda bekerja, berkendara, atau bersantai.
3. **Isi Pikiranmu dengan Firman-Nya**
    - Hafalkan satu ayat setiap minggu.
    - Gantikan pikiran negatif dengan kebenaran Tuhan.
4. **Beribadah dan Bersyukur Kepada-Nya Setiap Hari**
    - Hati yang bersyukur **tetap dekat dengan Tuhan** .
5. **Akhiri Hari di Hadirat-Nya**
    - Renungkan kebaikanNya sebelum tidur.

Rencana Aksi: Langkah-Langkah untuk Memperdalam Perjalanan Anda dengan Kristus

1. Berkomitmen untuk menghabiskan waktu bersama Yesus setiap pagi.

1. Berbicaralah kepada-Nya sepanjang hari—doa adalah percakapan, bukan ritual.

1. Gantikan ketakutan dan keraguan dengan iman pada janji-janji Kristus.

1. Dengarkan lebih banyak—mintalah bimbingan Yesus dan harapkan Dia berbicara.

1. Kelilingi diri Anda dengan orang-orang yang mendorong iman Anda.

Pertanyaan Refleksi:

1. Apakah saya benar-benar percaya bahwa Yesus adalah jawaban atas pergumulan saya?
2. Berapa banyak waktu saya dihabiskan untuk mendengarkan Yesus dibandingkan mendengarkan dunia?
3. Manakah satu area dalam hidupku yang mana saya memerlukan lebih banyak hikmat Kristus?
4. Apa yang dapat saya lakukan setiap hari untuk tumbuh lebih dekat dengan Yesus?

Bagian Penjurnalan:

- **Hari ini, saya menghabiskan waktu bersama Yesus dengan:**
- **Sebuah ayat Alkitab yang menguatkan saya:**
- **Ketakutan atau keraguan yang saya sampaikan kepada Tuhan dalam doa:**
- **Perubahan yang saya sadari dalam pikiran dan sikap saya:**

Ringkasan:

Banyak orang mencari **kedamaian, kebijaksanaan, dan tujuan** di tempat yang salah. Sebenarnya, **Yesus Kristus adalah jawaban utama untuk setiap kebutuhan dan pergumulan yang kita hadapi** . Dalam bab ini, kita akan membahas bagaimana tetap terhubung dengan Yesus melalui doa dapat mengubah pikiran, hati, dan tindakan kita.

Pemikiran dan Tindakan Akhir

Yesus bukan hanya bagian dari kehidupan—Dia adalah kehidupan. Semakin kita **terhubung dengan-Nya** , semakin kita **mengalami kekuatan, kedamaian, dan hikmat yang kita butuhkan** .

Jadikan Yesus pusat segalanya—dan lihatlah bagaimana kehidupan berubah!

Bab 6: Kekuatan Kita yang Mengerikan

Tema Utama:

- Setiap pikiran dan doa memiliki dampak, meskipun tidak terlihat.
- Kemanusiaan memiliki kekuatan untuk membentuk masa depan, tetapi sering kali gagal menggunakannya.
- Jika cukup banyak orang berdoa secara teratur, dunia dapat diubah.
- Pertempuran rohani antara kebaikan dan kejahatan adalah nyata, dan doa adalah senjata dalam pertarungan ini.

Kekuatan Satu Doa

Pikirkan tentang ini:

- Satu doa **menyelamatkan Daniel dari gua singa** .
- Satu doa **membelah Laut Merah** .
- Satu doa **membangkitkan Lazarus dari kematian** .

Jika Tuhan bekerja melalui **doa seseorang di Alkitab** , Dia dapat bekerja melalui **doa Anda hari ini** .

"Doa orang yang benar, bila didoakan, sangat besar kuasanya." — Yakobus 5:16

Banyak orang berkata, *"Saya hanya seorang diri. Apa yang bisa saya lakukan?"*

Jawabannya? **Lebih dari yang Anda kira!**

Pikiran Kita Memiliki Kekuatan

Ilmu pengetahuan menegaskan apa yang telah Alkitab katakan kepada kita— **pikiran kita menciptakan realitas** .

- Pikiran negatif menimbulkan **stres, ketakutan, dan tidak adanya tindakan** .
- Pikiran yang penuh iman menghasilkan **kedamaian, keyakinan, dan keberanian** .

"Sebagaimana seseorang berpikir dalam hatinya, demikianlah ia." — Amsal 23:7

Semakin kita mengisi pikiran kita dengan **kebenaran Tuhan** , semakin kita akan melihat **mukjizat, terobosan, dan transformasi** .

Kita adalah Rekan Pencipta bersama Tuhan

Tuhan telah memberikan kita kemampuan untuk **berbicara dengan kehidupan, berdoa dengan kuasa, dan mengambil tindakan** .

"Aku berkata, 'Kamu adalah allah; kamu semua adalah anak-anak Yang Mahatinggi.'" — Mazmur 82:6

Ini bukan berarti kami ilahi, tetapi ini berarti **kami telah diberi kekuatan ilahi** untuk membawa perubahan:

- **Melalui doa kita**
- **Melalui kata-kata kita**
- **Melalui tindakan kita**

Kita bukan hanya **penonton** dalam kehidupan—kita adalah **rekan pencipta bersama Tuhan** .

Cara Menggunakan Kekuatan yang Diberikan Tuhan dengan Bijaksana

1. **Berdoa dengan Harapan**
    - Berhentilah memanjatkan **doa-doa yang kecil dan meragukan** .
    - Percayalah bahwa Tuhan **mendengar dan menjawab** .
2. **Bicaralah tentang kehidupan, bukan kematian**
    - Kata-katamu **menciptakan kenyataan** —ucapkan iman, harapan, dan berkat.
    - Hindari berbicara negatif kepada diri sendiri atau mengeluh.
3. **Ambil Tindakan Berani**
    - Berdoa tanpa tindakan **tidaklah lengkap** .
    - Jika Tuhan memberimu sebuah ide, **melangkahlah dan lakukanlah** !
4. **Kelilingi Diri Anda dengan Orang-Orang yang Beriman**
    - Keyakinan itu **menular** —habiskan waktu dengan orang-orang yang percaya pada hal yang mustahil.

Rencana Aksi: Cara Berjalan dalam Kekuatan yang Diberikan Tuhan

1. Berdoalah dengan berani—harapkan hal-hal besar dari Tuhan.

1. Nyatakan berkat atas diri Anda, keluarga Anda, dan masa depan Anda.

1. Ambil tindakan atas mimpi yang Tuhan taruh di hatimu.

1. Tolak untuk dikendalikan oleh rasa takut—pilihlah iman sebagai gantinya.

1. Bicaralah tentang kehidupan atas situasi Anda alih-alih mengeluh.

Pertanyaan Refleksi:

1. Apakah aku sepenuhnya percaya bahwa doa-doaku mempunyai kuasa?
2. Apakah saya telah membatasi apa yang dapat Tuhan lakukan dalam hidup saya?
3. Doa berani apa yang perlu saya mulai doakan?
4. Bagaimana saya dapat menggunakan kata-kata dan tindakan saya untuk membawa perubahan positif?

Bagian Penjurnalan:

- **Doa yang kuat yang saya panjatkan hari ini:**
- **Sebuah langkah iman yang aku ambil:**
- **Sebuah ayat Alkitab yang menguatkan saya:**
- **Suatu perubahan yang saya percayai dari Tuhan:**

Ringkasan:

Banyak orang **meremehkan kekuatan mereka sendiri** . Namun kenyataannya, pikiran, doa, dan tindakan kita **membentuk dunia** . Dalam bab ini, kita menemukan bagaimana Tuhan telah memberi kita **kemampuan untuk memengaruhi kehidupan, mengubah situasi, dan memengaruhi masa depan melalui doa** .

Pemikiran dan Tindakan Akhir

Anda **tidak lemah, tidak berdaya, atau tidak berarti**.

Anda adalah **anak Tuhan, yang dipenuhi dengan Roh-Nya, dan dipanggil untuk melakukan hal-hal besar**.

"Kita BISA! Cukup banyak dari kita yang BISA! Jika kita berdoa, kita BISA mengubah dunia."

Anda dapat bergabung dengan komunitas gerakan 10 juta di Facebook melalui tautan ini –

https://www.otakada.org/facebookintercessory

Anda dapat bergabung dengan Komunitas 10 juta Pendoa Syafaat di WhatsApp melalui tautan ini –

https://www.otakada.org/whatsappintercessory

ANDA DAPAT MEMPELAJARI tentang 10 juta koordinator gerakan Syafaat di God's Eagle Ministries (GEM) melalui tautan ini – https://www.otakada.org

Sampai jumpa di sisi lain!

Pasukan Perantara God's Eagle Ministries (GEM) untuk Akhir Zaman!

Rencana Doa Pribadi & Kelompok

Mengapa Rencana Doa?

Banyak orang berjuang dengan konsistensi dalam berdoa. Rencana ini akan membantu Anda **mengembangkan kebiasaan berdoa yang kuat dan efektif**—baik sendiri maupun dalam kelompok.

Rencana Doa Pribadi (Rutinitas Harian)

Sasaran: Membangun kebiasaan berdoa setiap hari yang kuat yang memperdalam hubungan Anda dengan Tuhan.

Doa Pagi (10–15 menit)

Mulailah dengan Ucapan Syukur: Bersyukur kepada Tuhan atas hari yang baru, berkat-Nya, dan hadirat-Nya.

Serahkan Hari Anda kepada Tuhan: Mintalah kebijaksanaan, kedamaian, dan kesempatan ilahi.

Berdoa untuk Diri Sendiri: Kekuatan, kebijaksanaan, perlindungan, dan pertumbuhan rohani.

Berdoa untuk Orang Lain: Keluarga, teman, dan orang-orang yang ditempatkan Tuhan di hati Anda.

Berdoa untuk Dunia: Para pemimpin, gereja, dan isu-isu global.

Contoh:

"Tuhan, kuserahkan hari ini kepada-Mu. Penuhi aku dengan Roh-Mu, bimbing langkahku, dan bantulah aku untuk berjalan dalam kasih dan kuasa-Mu."

Sholat Dzuhur (Sholat Kilat Sepanjang Hari)

Berdoalah untuk orang-orang yang Anda temui atau dengar ceritanya.
Ubahlah stres dan frustrasi menjadi doa.
Mintalah hikmat kepada Tuhan dalam mengambil keputusan.
Contoh:
"Tuhan, bantulah aku menanggapi situasi ini dengan cinta dan kesabaran."

Doa Sore (10–15 menit)

Renungkan Hari Ini: Di mana Anda melihat Tuhan bekerja?

Bertobatlah atas Segala Hal yang Perlu Diubah: Mintalah pengampunan dan pertumbuhan.

Berdoa untuk Orang-Orang Tercinta & Gereja: Mintalah Tuhan untuk bergerak dalam hidup mereka.

Berdoa untuk Hari Esok: Serahkan rencana Anda dan percaya pada arahan Tuhan.

Contoh:

"Tuhan, terima kasih untuk hari ini. Aku percaya kepada-Mu untuk hari esok dan menyerahkan segalanya ke dalam tangan-Mu."

Rencana Doa Kelompok (Panduan Pertemuan Mingguan)

Sasaran: Memperkuat persatuan, iman, dan syafaat melalui **berdoa bersama sebagai satu kelompok**.

Struktur yang Disarankan untuk Pertemuan Doa 1 Jam:

1. **Ibadah Pembukaan & Ucapan Syukur (10 menit)**

- Mulailah dengan **lagu penyembahan** atau momen rasa syukur.
- Membaca **ayat Alkitab tentang doa** (misalnya, *Matius 18:19-20*).

2. Refleksi Pribadi & Kesaksian (10 menit)

- Bagikan **doa yang terjawab** dari minggu lalu.
- Diskusikan **tantangan dan kemenangan doa** .

3. Topik Doa Terfokus (total 30 menit)

- **Minggu 1: Berdoa untuk Pemimpin Dunia dan Perdamaian (10 menit)**
- **Minggu 2: Berdoa untuk Gereja dan Misionaris (10 menit)**
- **Minggu ke-3: Berdoa untuk Pertumbuhan Pribadi & Kekuatan Rohani (10 menit)**
- **Minggu ke-4: Berdoa untuk Kebangunan Rohani Global & Orang-orang Terhilang (10 menit)**

4. Doa Mendengarkan dalam Keheningan (5 menit)

- Luangkan waktu **untuk mendengarkan** bimbingan Tuhan.

5. Komitmen Penutup & Dorongan (5 menit)

- Setiap orang **berbagi tujuan doa** untuk minggu tersebut.

- Tutup dengan **doa bersama untuk memberkati** .

Catatan Doa (Lacak Doa dan Jawaban Anda)

Gunakan catatan ini untuk **menuliskan permohonan doa dan melacak doa yang terkabul** .

Date	Prayer Request	Bible Verse to Stand On	Answered? (Yes/No/In Progress)
02/21/2025	Healing for a friend	Isaiah 53:5	In Progress
02/22/2025	Wisdom for a big decision	James 1:5	Yes!
02/23/2025	Peace in a conflict	Philippians 4:7	No (Trusting God)

Pertanyaan Refleksi untuk Catatan Doa Anda:

1. Pola apa yang Anda perhatikan dalam doa Anda?
2. Doa mana yang terkabul dengan cepat, dan mana yang membutuhkan waktu lebih lama?
3. Bagaimana mencatat waktu shalat dapat memperkuat iman Anda?

Dorongan Terakhir: Teruslah Berdoa!

Doa **mengubah hidup, bangsa, dan sejarah** —dan doa Anda membuat perbedaan! Tetaplah berkomitmen, tetaplah berharap, dan perhatikan apa yang Tuhan lakukan.

"Jangan jemu-jemu berbuat baik, karena apabila sudah datang waktunya, kita akan menuai hasilnya, jika kita tidak menyerah." — Galatia 6:9

Kesimpulan: Dunia Menunggu Doa Anda

Bayangkan suatu hari berdiri di hadapan Tuhan dan menyaksikan **setiap kehidupan yang tersentuh oleh doa-doa Anda, setiap bangsa yang berubah, dan setiap mukjizat yang terjadi karena Anda berani berdoa.**

Apakah Anda akan berdoa lebih banyak lagi?

Apakah Anda akan lebih percaya?

Apakah Anda mengerti bahwa **doa adalah kekuatan terbesar di dunia—kekuatan yang dipercayakan Tuhan kepada Anda?**

Sebenarnya, **doa Anda penting.**

- Doa Anda dapat **menyembuhkan hati yang terluka.**
- Doa Anda dapat **memengaruhi para pemimpin dunia.**
- Doa Anda dapat **mematahkan rantai kecanduan, memulihkan keluarga, dan membawa kebangkitan bagi bangsa-bangsa.**

Anda memegang kekuasaan lebih besar dari yang Anda sadari.

Jangan Hanya Membaca—Ambil Tindakan

Ini **bukanlah akhir—ini adalah awal** dari cara hidup yang baru. Kehidupan di mana doa bukan hanya sesuatu yang Anda lakukan, tetapi kekuatan yang Anda kerahkan setiap hari.

Mulai sekarang:

Berdoalah dengan berani.

Berdoalah dengan penuh harap.

Berdoalah seolah-olah dunia bergantung padanya—karena memang demikian.

Anda tidak perlu menjadi pendeta, cendekiawan, atau tokoh masyarakat. Anda hanya perlu hati yang bersedia mencari Tuhan dan **iman yang cukup kuat untuk percaya bahwa Dia masih bekerja.**

Jadi, bangkitlah.

Ambillah tempatmu.

Dunia sedang menantikan doa Anda.

Apakah Anda siap untuk mengubah sejarah?

Lalu **mulailah berdoa.**

Anda dapat bergabung dengan komunitas gerakan 10 juta di Facebook melalui tautan ini –

https://www.otakada.org/facebookintercessory

Anda dapat bergabung dengan Komunitas 10 juta Pendoa Syafaat di WhatsApp melalui tautan ini –

https://www.otakada.org/whatsappintercessory

ANDA DAPAT MEMPELAJARI tentang 10 juta koordinator gerakan Syafaat di God's Eagle Ministries (GEM) melalui tautan ini – https://www.otakada.org

Sampai jumpa di sisi lain!

Pasukan Perantara God's Eagle Ministries (GEM) untuk Akhir Zaman!

Bagian Penjurnalan – Bab 1

Bagian Penjurnalan – Bab 2

Bagian Penjurnalan – Bab 3

Bagian Penjurnalan – Bab 4

Bagian Penjurnalan – Bab 5

Bagian Penjurnalan – Bab 6